DwA
Heft

Von Stefan Karch in der Reihe „Draußen wartet das Abenteuer“ im G&G Verlag erschienen:
Im Land der Frösche, ISBN 978-3-7074-1286-4

Weitere Bücher von Stefan Karch im G&G Verlag:
Knochenhart-Butterzart, ISBN 978-3-7074-1187-4
Robin und Scarlet – Die Bücher der Magier, ISBN 978-3-7074-1142-3
Robin und Scarlet – Die Stimmen der Geister, ISBN 978-3-7074-1239-0
Nil Nautilus startet durch, ISBN 978-3-7074-0235-3
Nil Nautilus – Der rote Baron, ISBN 978-3-7074-0316-9

www.ggverlag.at

ISBN 978-3-7074-1285-7

In der aktuell gültigen Rechtschreibung

1. Auflage 2011

Illustration und Covergestaltung: Ursula Harper
Gesamtherstellung: G. G. Buchbinderei, Hollabrunn

Stefan Karch

IM TAL DER DACHSE

Illustrationen
Ursula Harper

MONTAG, DER 13.

Es begann am Montag, dem 13. Es hätte genauso gut Freitag der 13. sein können. Meine Lehrerin kam in die Klasse und rief schon meinen Namen. Ich wusste, worum es ging. Ich hatte die Unterschrift meines Vaters gefälscht, um nicht am Turnunterricht teilnehmen zu müssen. Es war reine Notwehr, ehrlich. Ich war als Läufer schon die allergrößte Niete, wie hätte ich einen Hürdenlauf überstehen sollen? Ich konnte mich nur zu gut an das Gelächter in der letzten Turnstunde erinnern, als ich wie ein nasser Sack an einer Metallstange gehangen war. Ich hatte weder die Kraft, mich weiter hinaufzuziehen, noch

hatte ich den Mut, loszulassen. Als ich dann doch losließ, war ich etwa dreißig Zentimeter zu Boden gefallen. „Klaus", rief meine Lehrerin, „zweiter Aufruf." Ich erhob mich und ging zum Lehrertisch vor. Aus der letzten Reihe kam ein Kichern. Die Blicke meiner Mitschüler bohrten sich in meinen Rücken wie Nadelstiche. Meine Ohren brannten, als hätten sie Feuer gefangen. Eigentlich mochte ich meine Lehrerin. Doch wenn sie wütend war und dabei redete, klang es, als hätte sie den Mund voll zerkauter Gummibären. Das war nicht so schlimm wie die Tatsache, dass sie mich zum Direktor schickte. Ich hatte bei diesem Duell noch nicht einmal meine Pistole gezogen und war schon tödlich getroffen.

Schlimmer hätte es gar nicht kommen können. Ich hätte liebend gerne jede Art von Strafe in Empfang genommen, mir die Finger wundgeschrieben, wochenlang die Tafel geschrubbt, das Klassenbuch geschleppt.

Dabei war es nicht der Direktor, den ich fürchtete. Die größte Angst hatte ich davor, dass der Direktor meinen Vater informieren würde.

Eigentlich war mein Vater nicht mein richtiger Vater, er war mein Stiefvater. Mein wirklicher Vater hatte meine Mutter verlassen, als ich noch in den Windeln lag. Es war das gute Recht meiner Mutter, sich einen neuen Mann zu suchen. Aber musste sie ausgerechnet einen Mann ins Haus holen, der Soldat war und jeden Morgen quer durchs Gemüse rannte? Ich fand: Sport ist Mord. „Sport hält die Seele gesund“, behauptete mein Stiefvater. – Ich betrieb Sport! Ich drückte die Maus meines Computers.

DIE VERRÜCKTE

So stand ich also vor der Höhle des Löwen und wartete. Ich hätte auch abhauen können. Bis zum Läuten würde niemand mein plötzliches Verschwinden bemerken. Aber dazu fehlte es mir an Mut. Außerdem würde es die Sache noch viel schlimmer machen. Also klopfte ich an die Tür. Es war ein schwaches Klopfen. Hätte es mir Spaß gemacht, hätte ich eine Melodie geklopft. „Einen Moment bitte“, hörte ich die Stimme des Direktors. Jetzt musste ich auch noch warten! Die Spannung wuchs ins Unerträgliche.

Da tauchte diese Verrückte aus der Parallelklasse auf. Verrückt nannten sie alle wegen ihres Aussehens. Sie trug lange Kleider und jede Menge Ketten um den Hals. In ihren Haaren hingen komische Dinge wie Schneckenhäuser, Federn oder Muscheln.

„Hey“, begrüßte sie mich und lächelte, als wäre es das reinste Vergnügen, vor der Tür des Direktors zu stehen. „Du heißt Winnie Pu, nicht wahr?“

„Nur, wenn mich jemand ärgern möchte“, sagte ich mit säuerlicher Miene.

„Sei froh, dass sie dich nicht Ferkel nennen“, kicherte sie und fügte ein „Autsch“ hinzu. „War nicht so gemeint“, versicherte sie grinsend, als würde es ihr Spaß machen, mich zu ärgern. Dass sich jemand über mich lustig machte, war ich gewohnt. Irgendwie hatte ich etwas an mir, das Schmeißfliegen anzog wie ein stinkender Pilz. Vielleicht lag das einfach daran, dass ich ein bisschen pummelig war. Mein spezieller Freund hieß Alfred Herzog. Er ging in meine Klasse. Seine Eltern hatten eine Firma mit über hundert Angestellten. Dazu gehörten auch viele Eltern meiner Mitschüler. Ich wünschte, Alfred wäre ein muskelbepackter Idiot mit dem IQ einer Nacktschnecke, dessen Leben aus den Fugen geraten war. Dann hätte das vielleicht sein Verhalten erklärt. Doch Alfred war nicht viel größer als ich, eher schmächtig gebaut. Er trug hellblaue oder rosa Poloshirts und war immer aus dem Ei gepellt

wie ein Junge am Tag seiner Erstkommunion. Alfred besaß die Gabe, aus Worten Waffen zu formen, und konnte damit seine Opfer von oben bis unten aufschlitzen.

Das Mädchen sah zu mir herüber. Ihre Hände und Füße waren dünn wie die Gliedmaßen von Insekten.

„Dich nennen alle Woodoo, hab ich Recht?“

„Ja“, sagte sie, „wegen meiner afrikanischen Kleider. Ich heiße aber Valerie, und du?“

„Klaus.“

„Was hast du ausgefressen?“, wollte sie wissen.

„Gar nichts“, log ich.

Sie lächelte, weil sie sicher wusste, dass ich gelogen hatte.

„Und du?“, fragte ich.

„Unerlaubtes Fernbleiben von der Schule“, gestand sie und lächelte erneut. Sie schien alles ziemlich locker zu nehmen.

„Es handelte sich um einen Notfall, ich musste ein Schweinebaby retten“, erzählte sie munter. „Willst du es sehen?“ Sie hielt mir ein Bild hin, auf dem ein kleines Schweinchen zu sehen war. Es sah putzig aus. „Kannst du mir das kurz halten, ich muss mal“, erklärte sie und drückte mir jede Menge weiterer Schweinchenfotos in die Hand. Dann rannte sie auch schon los.

Gerade als sie hinter einer Ecke verschwunden war, öffnete sich die Tür zur Kanzlei und Herr Maier winkte mich zu sich hinein. Mir blieb nichts anders übrig, als die Bilder mitzunehmen. Ich durfte mich auf einen Stuhl setzen. Der Direktor nahm hinter seinem Schreibtisch Platz. Vor ihm lag ein Blatt Papier, das ich nur allzu gut kannte. Wie meine Lehrerin erklärte er mir, dass das Fälschen einer Unterschrift kein kleines Vergehen sei.

Ich nickte, hunderttausend Ausreden gingen mir durch den Kopf. Ich entschied mich, die Wahrheit zu sagen. Ich erzählte ihm von meinen sportlichen Misserfolgen. Der Direktor, der selbst keine Sportskanone war, ließ Gnade vor Recht walten. Er sah davon ab, meine Eltern zu informieren. Natürlich musste ich ihm versprechen, so etwas nie wieder zu tun. Mir fiel ein Stein vom Herzen. Um ein Haar war ich versucht, einen Luftsprung zu machen. Gut, dass mein Verstand mich davon abhielt, denn draußen stand Valerie. Ich wünschte ihr alles Gute und bewegte mich so locker und leicht, als hätte ich zehn Kilo abgenommen. Erst in der Klasse bemerkte ich, dass ich noch immer ihre Schweinebabyfotos in den Händen hielt. Rasch stopfte ich sie in meine Schultasche und setzte mich auf meinen Platz.

DIE MEUTE

Eine Papierkugel traf mich am Kopf. Hinter mir hörte ich Gelächter. „Nur nicht umdrehen", dachte ich. So zu tun, als wäre nichts geschehen, war in dieser Situation das einzig Richtige. Ich fühlte mich so gut. Mir konnte heute niemand etwas anhaben.

Als ich nach dem Ende der letzten Stunde aus der Schule kam, entdeckte ich Alfred, umringt von seinen Freunden. Sie hatten erfolgreich einen Zweitklässler von der Schaukel vertrieben und stritten sich nun selbst darum. Ich hätte auf der Stelle kehrtmachen und zurück ins Schulhaus gehen können. Doch das wollte ich nicht, nicht an dem Tag, an dem ich einen Sieg errungen hatte. Ich hoffte, dass mich Alfred gar nicht beachten würde. Doch schon nach wenigen Schritten vernahm ich ein lautstarkes „Hallo, Winnie Pu!". Alfreds Stimme klang so, als hätte er Schmieröl getrunken. Ich tat so, als hätte ich mein Gehör ausgeschaltet und ging unbeirrt weiter. Im nächsten Augenblick war ich von Alfred und seinen Freunden umringt. „Winnie, der Turnstundenschwänzer", flötete er. „Ich fürchte, der Speck muss weg", lachte er und sah in die Runde. Alfred genoss die Zustimmung der anderen. Dann tätschelte er meinen Bauch.

In meinem Inneren trugen Wut und Verzweiflung einen Kampf

aus. Die Wut siegte. Ich stieß Alfred zur Seite und versuchte zu entkommen. Doch damit tat ich genau das, was Alfred wollte.

„Hopp, hopp“, spornte er mich an. „Macht alle Platz, seht nur, wie Winnie laufen kann!“ Die anderen stimmten ein: „Hopp, hopp!“ Ich rannte so gut ich konnte und spürte schon nach wenigen Schritten, wie mein Herz pochte, meine Lunge brannte. Die Jungen umringten mich. „Hopp, hopp!“, dröhnte es in meinen Ohren. Atemlos hielt ich inne. Ich kramte nach einem Taschentuch, um mir die Schweißtropfen von der Stirn zu wischen. In meinen Schläfen hämmerte das Blut. Mein Schädel glich sicher einer Glühbirne kurz vor dem Durchbrennen.

„Nicht schlappmachen, du bekommst auch eine Extraportion Honig!“, rief Alfred und hielt sich den Bauch vor Lachen. Die anderen lachten auch und schubsten mich. „Hopp, hopp“, war Alfred in seinem Element. Meine Rettung näherte sich in Form einer großen Limousine, die am Straßenrand hielt. Alfred wurde vom Chauffeur seines Vaters abgeholt. Äußerst ungern ließ er von mir ab. Nachdem er sich von den anderen per Handschlag verabschiedet hatte, glichen die alten Autoreifen, denen die Luft ausgegangen war. Sie hatten das Interesse an mir verloren.

DAS TELEFONAT

Es war Nachmittag, als mir meine Mutter das Telefon ins Zimmer brachte.

„Hi, Klaus, hier spricht Valerie“, kam es von der anderen Seite.

Ich erhielt selten einen Anruf, eigentlich nie, und schon gar nicht von einem Mädchen. Ich brachte nicht einmal ein „Hallo“ zustande. Doch das war nicht so schlimm, denn Valerie sprudelte schon darauf los: „Du hast eine nette Mama. Ich rufe wegen der Schweinebabyfotos an, ich schätze, du hast sie mitgenommen. Ich komme kurz vorbei, um sie abzuholen.“

„Warte!“ stieß ich hervor. Meine Stimme klang wie die eines Ertrinkenden.

„Worauf soll ich warten?“, kam es vom anderen Ende der Leitung. Auf dem Boden meines Zimmers lag der gesamte Inhalt meines Kastens. Der Anblick meiner Unterhosen war für niemanden außer für mich selbst bestimmt. Dieses Mädchen war völlig unberechenbar. Ich sah sie bereits zur Tür hereinkommen, weil meine Versuche, sie abzuhalten, fehlgeschlagen waren. „Ich bringe dir die Fotos vorbei!“, schlug ich vor und in meinem Kopf brach das reinste Chaos aus. – „Bist du jetzt total durchgeknallt, du willst zu diesem Mädchen gehen?“

„O.k.“, sagte sie, „weißt du überhaupt, wo ich wohne?“

Das wusste ich nicht, ich konnte auch nichts zum Schreiben finden. Auswendig würde ich mir ihre Adresse nie merken. Also lief ich auf der Suche nach einem Schreibgerät durch die Wohnung. Valerie wartete geduldig. In der Küche fand ich einen Kugelschreiber. Meine Hand zitterte beim Schreiben wie die eines Hundertjährigen. Und mein Herz pochte wie ein Presslufthammer! War das normal? Bis zur Küche waren es nur ein paar Schritte. Nachdem ich aufgelegt hatte, benötigte ich ein paar Sekunden, um sicher zu sein, dass dieses Telefonat auch wirklich stattgefunden hatte. Und so geschah das Wunder.

DER REINSTE ZOO

„Ich muss schnell weg, um etwas zu erledigen“, erklärte ich meiner Mutter. Die sah mich an, als hätte ich Fieber.

Ich verließ nämlich nie das Haus. Jemand, der nicht gerade gut Fußball spielen konnte und nicht gerade gut aussah, hatte nicht viele Freunde. Mein einziger und allerbester Freund war mein Computer. Und jetzt verließ ich das Haus, um einem Mädchen einen Besuch abzustatten. Um Haaresbreite hätte ich die Fotos vergessen. An die Schweinebabyfotos hatte ich gar nicht mehr gedacht. Als ich meine Schultasche öffnete, um die Bilder herauszunehmen, entdeckte ich ein Blatt Papier, auf dem etwas in einer sehr schwungvollen Handschrift stand. Es war ein Schreiben von Valeries Vater. Er entschuldigte sich für das Fernbleiben seiner Tochter und beteuerte, dass ohne Valeries Fürsorge das Schweinebaby nicht überlebt hätte. Ob mein Vater so etwas für mich schreiben würde?

Valerie wohnte nicht wie ich in einem Siedlungshaus, das einer Schuhschachtel glich. Sie wohnte in einer Villa am Stadtrand. Die Villa sah alt aus, vielleicht lag das an den alten Bäumen im Garten. Ich öffnete ein großes, schmiedeeisernes Tor und ging einen Kiesweg entlang. Unter meinen Schuhen knirschten die weißen Steine. Bäume beschatteten den Weg, Vögel zwitscherten. An der

Tür war keine Glocke, aber ich hörte das Bellen eines Hundes. Da ich kein guter Läufer war, mochte ich Hunde nicht besonders.

Als hätte Valerie mich kommen sehen, hörte ich ihre Stimme: „Platz Bruno, Platz!“ Dann öffnete sie die Tür. Sie sah anders aus als in der Schule. Ihr Lächeln war noch breiter und ihr Kleid noch bunter. „Komm rein!“, forderte sie mich auf.

Ich machte einen großen Bogen um Bruno. Der sah mich mit treuherzigen Augen an und legte seinen Kopf zur Seite. Sekunden später wäre ich um ein Haar vor Schreck gestorben. Ein pelziges Etwas sprang vom Geländer einer Holztreppe auf mich zu. Ich fing es auf. Ich konnte gar nicht anders.

„Das ist Tschipsi“, lachte Valerie, „die tut dir nichts.“

Sie tut mir nichts? Die kleine Affendame knabberte an meinem rechten Ohr und zog an meinen Haaren. Valerie bemühte sich, Tschipsi zu sich zu locken, während ich bemerkte, dass etwas meine Beine beschnüffelte. Es war Valeries kleines Schweinchen. Valerie griff nach dem Äffchen, das kreischend davonsprang. Das Schweinchen hatte begonnen, an meinen Beinen zu lecken.

„Herr Maier liebt dich", rief Valerie entzückt.

„Herr Maier?" So hieß doch unser Herr Direktor.

„Der Direktor war sooo nett und verständnisvoll, dass ich ihn zum Taufpaten gemacht habe", klärte mich Valerie auf und lächelte.

„Darüber wird er sich sicher freuen", dachte ich.

„Darf ich dir etwas zu trinken anbieten?", erkundigte sich Valerie.

An dieser Stelle hätte ich ihr die Bilder überreichen und schnellstens verschwinden sollen. Ich war gerade dabei, den Fehler meines Lebens zu begehen, und nickte, ohne lange zu überlegen.

„Geh schon einmal nach oben", schlug Valerie vor, „die zweite Tür rechts." Sie wollte mit den Getränken nachkommen.

„Wow", entfuhr es mir, als ich ein paar Stufen später die Tür zu ihrem Zimmer öffnete. Jetzt war mir klar, warum sie Woodoo genannt wurde. Anstelle eines Bettes lag ein bunter Teppich am Boden, darüber hing eine Decke wie ein Zelt. Aus einem Köcher an der Wand ragten geschnitzte Speere. Vor dem Zelt standen Trommeln.

In der Luft lag der Geruch von Räucherstäbchen und an einer Wand hingen Masken. Sie schienen mich anzustarren, obwohl ich wusste, dass sich hinter den dunklen Schlitzen keinen Augen befanden. Valeries Zimmer war schaurig und schön zugleich. In leuchtenden Aquarien funkelten Unterwasserwelten. In ihnen tummelten sich große und kleine Fische. Ich beneidete Valerie. Als ich klein war, wollte ich einen Goldfisch, aber ich durfte nicht einmal eine Wasserschnecke halten. Auf einem alten Holztisch am Fenster standen jede Menge Töpfe voll mit Pflanzen, der reinste Gemüsegarten.

Ich entdeckte auch ein Mikroskop und einige Bücher über Tiere und Pflanzen. Erst später fiel mir auf, dass es etwas in ihrem Zimmer nicht zu geben schien. Sie hatte weder einen Computer noch einen Fernseher.

„Na, wie gefällt es dir?“, überraschte mich Valerie. Sie stieß mit dem Rücken die Zimmertür auf und trug ein Tablett mit Saft und Kuchen herein. Als wir wenige Minuten später unter ihrem Baldachin auf Pölstern saßen und uns den Kuchen schmecken ließen, hatte ich das Gefühl, Valerie zum ersten Mal richtig zu sehen. Ihre Gesichtshaut war so rein, so weiß, so perfekt. Die Sommersprossen passten gut zu ihr. Ihre Lippen konnten unendlich lang werden, wenn sie lächelte. Ihre Augen funkelten wie Sterne und strahlten eine Wärme aus, die mein Herz kribbeln ließ.

„Du kannst mich ruhig anstarren“, bemerkte sie, „das bin ich gewöhnt. Du hast schöne schwarze Locken.“

Mir wurde heiß, ich räusperte mich. „Der Saft schmeckt gut“, erklärte ich, um etwas zu sagen.

„Hollersaft“, lächelte Valerie, „der beste Durstlöscher. Den habe ich mit Marianne, unserer Haushälterin, gemacht. Wenn du willst, kann ich dir das Rezept mitgeben.“

Ich hatte noch nie in meinen Leben etwas gekocht und nie wäre ich auf die Idee gekommen, selber Saft zu machen. Statt dankend

abzulehnen, nickte ich eifrig wie ein Wackelkopfhund auf der Hutablage eines Autos.

„Was möchtest du sehen? Meine Monstersammlung, das Kabinett der Fleischfresser, lebende Steine oder meinen kleinen Zoo?“, erkundigte sich Valerie und strahlte mich an.

„Den kleinen Zoo“, entschied ich. Unter Fleischfresser und Monstersammlung konnte ich mir nichts vorstellen, das ich unbedingt sehen musste. Ich dachte, die Aquarien wären ihr Zoo, aber da hatte ich mich geirrt. Sie führte mich zu einem Terrarium, in dem sich ein Chamäleon befand. Ich entdeckte es erst, nachdem Valerie das Terrarium geöffnet hatte, um mit dem Finger hinzuzeigen, so genial war das Chamäleon seiner Umgebung angepasst. Dabei war es groß und glich einem Drachen, der ein Auge nach vor und das andere unabhängig davon nach hinten bewegen konnte.

„Wir können es füttern", schlug Valerie vor und griff nach einem Behälter. „Es frisst Grillen." Das Zirpen war mir bereits aufgefallen. „Wenn du willst, kannst du entscheiden, welche Grille daran glauben muss."

Eine Entscheidung auf Leben und Tod! Ich zögerte.

Valerie öffnete den Deckel des Behälters und ließ einige Grillen ins Terrarium springen. Die Armen dachten sicher, sie hätten die Freiheit erlangt. Mit schnellen geschmeidigen Bewegungen kam das Chamäleon von den oberen Ästen herunter. Es öffnete sein Maul und ließ die Spitze seiner Zunge sehen, die eigentlich gar nicht spitz war, sondern eher einer kleinen grauen Keule glich. Seine Augen hatten bereits eine Grille fixiert, die ahnungslos über einen Stein krabbelte. Blitzschnell schoss die Zunge des Chamäleons wie eine Schleuder auf die Grille zu und im Nu waren Zunge und Grille im Maul des Chamäleons verschwunden. Ich hatte vergessen zu atmen, so gespannt erlebte ich das Ende einer Grille.

„Die Zungenspitze funktioniert wie ein Saugnapf", erklärte Valerie. Sie führte mich zu einem Behälter, in dem Rosen blühten. „Was siehst du?", fragte sie mich. „Rosen", antworte ich und wusste, dass die Antwort falsch war, denn sonst hätte sie nicht gefragt. „Die grünen

Stäbchen auf den Rosenblättern sind junge Stabheuschrecken.“ Jetzt sah ich sie, es gab jede Menge davon. Gut, dass sie in einem Glasbehälter waren und nicht über mich herfallen konnten. „Die fressen nur Rosenblätter und bewegen sich kaum“, klärte mich Valerie auf, als hätte sie meine Gedanken erraten. „Willst du eine Erwachsene sehen?“

Ich war mir nicht sicher, ob ich das wollte, aber Valerie kam bereits mit einem Tier zurück, das einem Stückchen Holz glich. Beim näheren Hinsehen konnte ich die Beine und Fühler erkennen. „Ist das eines ihrer Monster?“, überlegte ich.

„Die können bis zu 200 Junge kriegen und brauchen niemanden, um …“, sie zögerte, „… Kinder zu machen“, klärte sie mich auf. Ich bemerkte, dass Valerie leicht errötete. Die Führung war noch nicht zu Ende. Sie führte mich zu einem der Aquarien weiter und zeigte mir ihre Buntbarschfamilie. Mama und Papa Barsch schwammen mit einer Kinderschar durchs Becken. Valerie erzählte mir, dass die Fische ihre Jungen bei Gefahr sogar ins Maul nehmen und dann wieder ausspucken. Wenn die Kleinen später frei schwimmen könnten, müssten sie sich beeilen, denn sie wären dann selbst vor ihren Eltern nicht mehr sicher.

An diesem Nachmittag erfuhr ich auch etwas über Valeries Eltern. Ihre Mutter war schon seit drei Jahren in Afrika, sie leitete die

Ausgrabungen am Rande eines erloschenen Vulkans. „Dort wurden die Knochen der ersten Menschen gefunden“, erklärte Valerie stolz.

„Adam und Eva?“, platzte ich heraus und sie schüttelte lachend den Kopf. Valerie war zu Hause bei ihrem Vater geblieben. Der verbrachte gerade viele Wochen in einem Waldgebiet und beobachtete Dachse, die dort vor Jahren angesiedelt worden waren. Um Valerie kümmerte sich Marianne, die Haushälterin. Valerie wusste so viel zu erzählen, dass die Zeit im Nu verging.

„Hoffentlich war ich dir nicht zu anstrengend“, bemerkte Valerie, als ich mich von ihr verabschiedete. Wie kam sie darauf? Ich hätte nie gedacht, dass es mit einem Mädchen so lustig sein konnte! Ich war in einer so guten Stimmung, dass ich sie spontan zu mir nach Hause einlud. Vor dem Einschlafen wurde mir klar, dass Montag der 13. doch kein Unglückstag gewesen war.

HERO

Das Schicksal nahm seinen Lauf. Ich hätte mir niemals gedacht, dass ich mein Zimmer aufräumen würde, weil ein Mädchen zu Besuch kam. Meine Mutter war so überrascht, dass sie vorschlug, Getränke zu besorgen, und sich erkundigte, was ich sonst noch alles brauchen könnte. Im Gegensatz zu Valeries Zimmer hatte mein Zimmer wenig Aufregendes zu bieten.

„Wow", sagte Valerie, als sie in der Tür stand. Mein Zimmer war so klein, dass ein Blick genügte, um alles zu erfassen. Sie bewunderte die Möbel, die schon in meinem Zimmer standen, als ich fünf war. Um sie dem Rest des Zimmers anzupassen, hatte ich sie schwarz lackiert. „Du spielst gerne Computer", bemerkte sie. Das war untertrieben, ich tat nichts anderes, als Computer zu spielen. Falsch, manchmal sah ich auch fern. Ich bot ihr Brötchen und etwas zu trinken an. Sie langte mit einem Lächeln zu. „Was spielst du denn?", erkundigte sie sich mit vollem Mund. Ich war mir nicht sicher, ob sie wirklich daran interessiert war oder nur aus Höflichkeit fragte. Tief in meinem Inneren brannte ich darauf, ihr meine Welten zu zeigen,

und schickte Strom in meine Spielkonsole. Ich entschied mich für ein Spiel, in dem ich in die Wälder eines fremden Planeten vorgedrungen war, um die Ruinen einer Sternfahrerstadt zu erkunden.

„Bist du das", kicherte Valerie, als sich eine muskelbepackte Gestalt vom Bett eines Baumhauses erhob. „Entschuldige", sagte sie und hielt sich die Hand vor den Mund.

Natürlich war ich das. In meiner Welt gab es keinen honigsüßen Bären, diese Wälder waren mein richtiges Zuhause, dort war ich ein Held, ein Schütze, der immer traf. Ich war wendig wie ein Velociraptor, umsichtig und schlau wie der beste Detektiv, zudem so durchtrainiert wie ein amerikanischer Armeesoldat. Ich war mir jedoch nicht mehr sicher, ob ich Valerie noch mehr von meiner Welt zeigen wollte.

„Das sieht toll aus", beteuerte Valerie. „Kann ich auch in dieser Welt vorkommen?"

„Klar", antwortete ich. Sie lächelte und schien erleichtert. Danach erschufen wir Valerie. Sie wollte unbedingt ein Mann sein, muskelbepackt und schwer bewaffnet wie ich. Das war auch gut so. Als wir später gemeinsam einen Keller erkundeten, begegneten wir einer Riesenspinne, die ich alleine nie besiegt hätte. In diesem Keller entdeckten wir auch eine Zeitreisemaschine. Mit dem richtigen Code würden wir den Planeten in seiner Entstehung erleben. Valerie war Feuer und Flamme. Und wieder verging die Zeit wie im Flug.

DIE EINLADUNG

In der Schule nickten wir einander zu, aber es kam nie ein Gespräch zustande. Umso überraschter war ich, als Valerie wenige Tage später in meine Klasse kam. Sie war so auffällig gekleidet, dass augenblicklich alle Gespräche verstummten.

„Sind wir in Afrika? Hier stinkt es nach Elefantenfurz“, rief Alfred, der nach ihr in die Klasse gekommen war und sich die Nase zuhielt. Valerie drehte sich zu ihm um. „Was guckst du so, Woodoohexe, willst du mich verzaubern?“ Alfred grinste. – Er würde sicher nicht aufhören, sich über sie lustig zu machen.

Valerie drehte sich zu Alfred um und starrte ihn an. „Hast du vor mir Angst?“, erkundigte sie sich.

Alfred war nicht gewohnt, dass jemand so eine Frage an ihn richtete. Niemand richtete eine Frage an ihn. Man konnte förmlich sehen, wie die Gedanken in seinem Kopf rotierten. Valeries Blick war noch immer auf Alfred gerichtet. In der Klasse wurde es stiller als still.

„Ob ich Angst habe? Denkst du etwa, ich glaube den Woodooscheiß?“, stieß Alfred hervor und seine Augen blitzten angriffslustig.

„Du hast da was“, sagte Valerie in aller Ruhe und deutete auf Alfreds Wange. „Lippenstift von deiner Mama oder Marmelade. Wäre schade, wenn du dir das schöne Hemd versaust.“ Tatsächlich war auf Alfreds Wange ein roter Fleck zu sehen. Valerie wandte sich ab und kam auf mich zu. Alfred ließ sie einfach stehen. Ich wartete darauf, dass ihr Alfred die schlimmsten Gemeinheiten an den Kopf werfen würde. Aber der wischte sich bloß über die Wange, dann verließ er den Raum. Sicher wollte er sich im Klospiegel betrachten. Ich weiß nicht, worüber die anderen mehr staunten. Darüber, dass Alfred ohne Worte die Klasse verlassen hatte, oder dass sich das „Woodoomädchen“ mit mir unterhielt.

„Nächstes Wochenende haben wir einen Tag länger frei, ich werde meinen Vater besuchen“, erzählte Valerie. „Möchtest du mitkommen?“

Ohne lange zu überlegen, nickte ich. Dieses Mädchen hatte Macht über mich. Egal, was sie vorschlug, ich nickte.

„Du brauchst einen Schlafsack. Der Aufstieg zum Basislager ist etwas beschwerlich, aber dann geht es eben dahin“, sagte sie aufmunternd und lächelte.

Ich hörte nur mit einem Ohr zu, ihre plötzliche Nähe verursachte zeitweise einen Stillstand meines Gehirns.

„Hast du einen Schlafsack?“, wiederholte sie.

Natürlich hatte ich einen Schlafsack, vielmehr hatte mein Stiefvater einen, den er mir sicher borgen würde. Was meinte sie mit beschwerlich? Valerie gab mir einen Zettel. Offensichtlich hatte sie damit gerechnet, dass ich zusagen würde. Auf dem Zettel waren der Bahnsteig und die Abfahrtszeit unseres Zuges notiert: 5 Uhr, Bahnsteig zwei. Das war ja mitten in der Nacht!

VORBEREITUNGEN

„Glaubst du, ich borge dir meinen Rucksack, damit du deinen Computer durch die Gegend schleppen kannst?“, wetterte mein Stiefvater am Abend. Er wollte nicht einmal meiner Mutter glauben, dass ich ernsthaft vorhatte, eine Wanderung zu unternehmen. Doch als ich auch um einen Schlafsack bat, schöpfte er Hoffnung.

„Wir werden alleine mit dem Zug fahren und erst am Abend das Basislager von Valeries Vater erreichen“, teilte ich meinen Stiefvater vorsichtig mit.

Er benötigte einige Zeit, um zu verdauen, was ich eben gesagt hatte. Worte wie „Basislager“ war er nicht von mir gewohnt. Ich fürchtete, er würde sich mit dem Finger auf die Stirn tippen und fragen, ob ich von allen guten Geistern verlassen wäre. Er würde mich nie und nimmer einer Verrückten anvertrauen, die nicht viel älter war als ich selbst. Stattdessen begann sein Gesicht zu strahlen. Er stand auf und verließ den Raum. Dann kam er zurück und hielt mir ein Päckchen hin. „Wenn ihr das wirklich durchziehen wollt, dann wirst du das brauchen“, erklärte er. „Eigentlich wollte ich es dir schon zu Weihnachten schenken, aber dann dachte ich, du würdest es ohnehin nicht brauchen.“

Ich öffnete das Päckchen und nahm ein Taschenmesser heraus.

„Das ist nicht nur ein Messer“, erklärte er, „das ist ein Multifunktionsgerät, Schweizer Präzisionsarbeit, das kann sehr hilfreich sein.“ Spontan legte er seine Hand auf meine Schulter, während ich mir das Messer genauer ansah und eine Schere, eine Feile und sogar eine Säge herausklappte. So viel Nähe hatte ich von meinem Stiefvater noch nie erlebt. „Und dieses Mädchen kennt sich dort in den Wäldern gut aus?“, erkundigte er sich.

„Klar“, nickte ich. Zumindest nahm ich das an.

Mein Vater wollte noch am selben Abend zu packen beginnen. „Die meisten Dinge fallen einem erst so nach und nach ein“, erklärte er. Ich hatte überhaupt keine Ahnung, was ich überhaupt mitnehmen wollte. Mein Vater brachte Verbandszeug, eine Taschenlampe, Klopapier und eine Isoliermatte.

Ich würde mit Valerie zweimal übernachten, daran hatte ich noch gar nicht gedacht. Woran ich allerdings ständig dachte, war die Tatsache, dass ich im wirklichen Leben alles andere als durchtrainiert war. Wie sollte ich das durchstehen? Ich schaffte gerade den Weg bis zum Bus und vom Bus in die Schule. Und jetzt sollte ich einen Berg mit einem Rucksack auf dem Rücken erklimmen? Schon der Anblick des fertig gepackten Rucksacks war entmutigend. Er stand in meinem Zimmer wie ein Fremdkörper. Als ich ihn probeweise hochnahm, war mir klar, dass ich es nicht einmal schaffen würde, den Rucksack vom Auto bis zum Bahnhof zu tragen.

Das musste ich dann auch nicht, denn mein Stiefvater schnappte sich den Rucksack und trug ihn mit einer Hand. Er war an diesem Tag bester Laune und klopfte mir ständig auf die Schulter. Um vier Uhr in der Früh aufzustehen, war für ihn kein Problem. Ich dagegen bewegte mich wie eine Schildkröte nach der Winterstarre. Sogar meine Mutter war aufgestanden, um sich von mir zu verabschieden. Es war beinahe so, als fürchtete sie, mich nie mehr wieder zu sehen. Am Bahnhof erwartete uns Valerie. Sie war putzmunter und unterhielt sich blendend mit meinem Vater. Der rühmte sich damit, dass es ihm noch in letzter Minute gelungen war, Wanderschuhe für mich aufzutreiben. Sonst hätte ich die Schuhe meiner Mutter nehmen müssen. Die neuen Schuhe waren eine Mischung aus Turnschuh und

Bergschuh, ultraleicht und sehr cool. Sie waren nur geborgt, aber sollte ich jemals in meinem Leben öfters nach draußen gehen, dann würde ich eigene bekommen.

Ich war erleichtert, als die Verabschiedungszeremonie vorbei war und meine winkenden Eltern immer kleiner wurden. Im Zugabteil saßen nur Valerie und ich. Der Zug ratterte dahin. Valerie sah bezaubernd aus, so lebendig und frisch. Sie roch nach Sonne und Morgen und Zahnpasta. Sie trug kein Kleid, sondern Jeans, die so schmal geschnitten waren, dass ich mich wunderte, wie sie die überhaupt anziehen konnte. Ihre Bluse war um viele Nummern zu groß und sah aus wie ein Hemd ihres Vaters. Die Haare hatte sie mit einem bunten Tuch zurückgebunden. Sie trug Schuhe, die mindestens so cool waren wie meine.

Die Zugfahrt verging im Nu. Valerie erzählte mir von ihrer Mutter und Afrika. Nur um Haaresbreite hatte Valerie bei einem Besuch ihrer Mutter die Geburt eines Elefantenbabys versäumt. „Das Baby war so entzückend“, schwärmte sie und bekam einen Glanz in den Augen. „Die kleinen Beine mussten gleich hundert Kilo tragen. Du kannst dir vorstellen, wie der süße Kerl herumgetorkelt ist.“ Das konnte ich mir vorstellen. Als wir aus dem Zug ausstiegen und ich meinen Rucksack hochnahm, sah ich sicher aus wie das Elefantenbaby bei seinen ersten Gehversuchen. Valerie bekam Falten auf der Stirn. Machte sie sich Sorgen?

„Vielleicht gibt es etwas, das wir dalassen können?“, schlug sie vor. Alleine das Auf- und Abnehmen des Rucksacks war eine Höllenschinderei. Valerie öffnete meinen Rucksack. Das Erste, was sie herausnahm, war die Rolle Klopapier. „Erwartest du beschissene Zeiten?“, lächelte sie. Danach kamen jede Menge Dosen zum Vorschein, Bundesheernahrung. „Die lassen wir alle da“, entschied Valerie, „was ich zu essen mithabe, reicht für uns beide.“ Auch den Kopfpolster, die Computerzeitschrift und den Föhn, den meine Mutter eingepackt haben musste, ließen wir zurück. Gegenüber dem

Bahnhof befand sich ein kleines Postgebäude, dort verpackten wir alles mit Hilfe eines netten Postbeamten und schickten ein Paket nach Hause. Danach war mein Rucksack nur noch halb so schwer. Bevor wir die Zivilisation verließen, warf ich einen letzten Blick auf den Bahnhof. Es war ein kleiner Bahnhof in einem kleinen Dorf am Ende der Welt. Dann drehte ich mich um und sah Wälder, nichts als Wälder, hinter denen Berge aufragten, so weit das Auge reichte.

„Wir steigen bis zum Teufelsloch hoch“, verkündete Valerie, „dort machen wir Rast.“ Sie warf mir einen aufmunternden Blick zu. Teufelsloch, das klang ja vielversprechend. Wir marschierten los.

DER AUFSTIEG

Anfangs ging es nur langsam bergauf. Der Himmel war blau und beinahe wolkenlos. Der Weg führte über Wiesen. Insekten summten. Schmetterlinge flatterten beim Näherkommen auf. Mücken schwirrten. „Ich hoffe, Marianne kommt mit Herrn Maier zurecht", sagte Valerie. „Sie hasst es, mein Chamäleon zu füttern." Das konnte ich verstehen. Valerie ging zügig dahin und ich kam bald ins Schwitzen. Sie bewegte sich so locker und leicht, als würde es ihr überhaupt keine Mühe bereiten, einen Rucksack zu tragen. Als sie bemerkte, dass ich zurückblieb, wartete sie auf mich. Sie lächelte mir aufmunternd zu und deutete auf einen dunklen Käfer, der über den Weg kroch. „Komm, es ist besser, wenn du nicht stehen bleibst", sagte sie und erzählte, dass der Käfer wegen seiner langen Fühler, die wie Hörner aussahen, Bockkäfer hieß. Woher wusste sie das alles? Im Gehen pflückte Valerie ein paar Walderdbeeren und hielt mir auch welche hin. Sie schmeckten süß und erfrischend.

„Wenn wir so weitergehen, erreichen wir den Waldrand, bevor die Sonne heiß vom Himmel brennt", versicherte mir Valerie mit einem Blick zum Himmel. Die Sonne brannte bereits, ich war für meine Verhältnisse schon weit genug gegangen und spürte, wie meine Kräfte nachließen. Ein Satz tauchte in meinem Kopf auf, ganz leise.

Ich versuchte, ihn nicht zu beachten. Doch dann kam er immer öfter, immer lauter: „Ich kann nicht mehr!“ Ich schwitzte, keuchte und hatte gute Lust, meinen Rucksack von mir zu werfen, und mich ins Gras fallen zu lassen. Stattdessen kämpfte ich mich verbissen weiter. Vor Valerie wollte ich mir keine Blöße geben. In einem meiner Spiele war ich Jack Snow. In einer Polar-Forschungsstation war ein tödlicher Virus ausgebrochen, der Menschen in Bestien verwandeln konnte. In meinen Gedanken war ich jetzt Jack Snow, der sich durch einen eisigen Schneesturm kämpfte, während mir der Schweiß von der Stirn tropfte. „Kaum auszuhalten, diese Kälte“, redete ich mir ein. So bewegte ich mich wie ein altes Schlachtross, das nicht wahrhaben wollte, dass sein Ende kurz bevorstand. „Ich kann nicht mehr!“, rief ich wenige Schritte später. Valerie blieb stehen und kam zu mir. Ich hatte Seitenstechen und konnte nicht verhindern, dass meine Füße zitterten. „Ich brauch etwas zu trinken“, keuchte ich, nahm den Rucksack ab und holte eine Trinkflasche heraus. Valerie sah mir beim Trinken zu.

„Mach kleine Schlucke, dann hast du schneller das Gefühl, nicht mehr durstig zu sein und schwitzt nicht so viel“, riet sie mir. Valerie hatte nicht einmal rote Wangen. Wie konnte ein Mädchen, das keine Muskeln zu haben schien, überhaupt einen Rucksack tragen? Es war mir ein Rätsel. „Du schaffst es“, versicherte mir Valerie. „Soll ich dir mein Geheimnis verraten?“

Ich nickte.

„Ich denke mir, mein Körper ist eine Maschine. Je steiler es wird, desto kleiner werden meine Schritte. Ich gehe und atme immer im selben Rhythmus.“ Ich packte die Trinkflasche weg und nahm meinen Rucksack wieder auf. Der Weg wurde steiler.

Ich achtete auf das Ein- und Ausatmen, wurde zu einer Maschine, die, einmal angelaufen, nicht mehr zu stoppen war. Das redete ich mir ein und es funktionierte. Ich schaffte es bis zum Waldrand. Als ich meinen Rucksack ins Gras gleiten ließ, war ich doppelt erleichtert. Ich fühlte mich leicht und genoss den Ausblick. Ich war so stolz,

es bis hierher geschafft zu haben. Valerie ließ mich von einem Müsliriegel abbeißen, er schmeckte nach Honig und Kokosnuss. „Das ist ein Powerriegel, Energie pur“, versicherte sie mir und strahlte mich an, als wäre sie mindestens so stolz auf mich, wie ich es selbst war. Später zeigte sie mir, wie man einem Grashalm verrückteste Töne entlocken konnte. Dabei kitzelte der Grashalm so an meinen Lippen, dass es kaum auszuhalten war. Glücklich legte ich mich ins Gras zurück, atmete den herrlichen Duft ein und betrachtete den Himmel. Über mir türmten sich Wolken zu einem riesigen weißen Gebilde.

„Wie weit kann eine Heuschrecke springen, was glaubst du?“, fragte mich Valerie. „Probieren wir es aus“, schlug sie vor. Ich musste mich ungefähr einen Meter von ihr entfernt aufstellen. „Ich habe einen Warzenbeißer gefangen, pass auf!“ Valerie öffnete vorsichtig ihre Faust. Die Heuschrecke war riesig und schillerte grün. Sie zögerte, dann sprang sie und landete gar nicht weit von mir entfernt. „Der Meister im Weit- und Hochsprung!“, rief Valerie vergnügt. Danach nahm sie ihren Rucksack auf. Es wurde Zeit, weiterzugehen. Ich hätte noch lange hierbleiben können. Bevor wir losmarschierten, machte mich Valerie auf zwei braune Ohren aufmerksam, die aus dem Gras ragten. Ihr schien gar nichts zu entgehen. Es waren die Ohren eines Hasen. Der Wind stand günstig und wir schlichen näher heran. Dabei nahm sie mich für einen Moment an der Hand. „Schau, der mümmelt Gräser“, flüsterte mir Valerie ins Ohr und ich spürte ihren Atem. Der Hase kaute ganz schnell und Stück für Stück verschwand ein Grashalm in seinem Maul. Ich musste an meine Lehrerin denken. Die kaute so, wenn sie einen Apfel aß. Der Hase schien uns bemerkt zu haben. Er hoppelte los, schlug einen Haken, und war im Dickicht verschwunden.

WALDLÄUFERZEICHEN

Wir betraten einen Nadelwald. Er erschien mir dunkel und düster. Es roch nach nasser Erde und Pilzen. Kahl ragten die mächtigen Stämme auf. Ganz oben bildeten die grünen Wipfel ein undurchdringliches Dach. Sonnenstrahlen, in denen die Mücken tanzten, standen wie Schleier zwischen den Bäumen. Spinnweben glänzten im seidigen Licht. Der Nadelboden war weich und federte bei jedem Schritt. Mir war, als würde ich von allen Seiten beobachtet werden. Es war ganz anders als bei einem meiner Spiele, so wirklich, so beeindruckend und auch bedrohlich.

„Mein Vater hat einmal eine Spinne behutsam von ihrem Netz genommen“, erzählte Valerie. „Er hat sie woanders hingesetzt, damit wir beobachten konnten, wie sie ein vollkommen neues Netz zu spinnen begann."

„Das würde ich auch gerne sehen", dachte ich.

Valerie stupste mich an und deutete zwischen die Bäume vor uns. Ein großer Vogel saß auf einem Ast. Plötzlich ließ er sich fallen, glitt, ohne auch nur irgendein Geäst zu berühren, mit wenigen Flügelschlägen dahin. Mein Herz pochte, so aufgeregt war ich. „Ein Habicht", sagte Valerie ganz ruhig. Sie schien keine Angst zu haben, vielleicht, weil sie so viel über diese Tiere wusste.

Der Wald veränderte sich. Unter die Nadelbäume mischten sich dicke graustämmige Buchen mit leuchtenden, hellgrünen Blättern. Der Wald wurde lichter und freundlicher. Gräser bedeckten den Boden und vereinzelt blühten Blumen. Valerie gestand mir ihre Liebe zu Glockenblumen. Mitten im Wald tat sich eine Lichtung auf. Farne und Gräser schimmerten in der Sonne. Ich entdeckte wilde pinkfarbene Nelken, die ich sofort zu meinen Lieblingsblumen erklärte. Valerie führte mich zu einer Feuerstelle. „Wir verlassen jetzt den Weg und folgen geheimen Zeichen", sagte sie feierlich. Sie bückte sich und tauchte einen Finger in die Asche. Dann kam sie näher an mich heran. Valerie berührte mit ihrem Finger meinen Nasenrücken und fuhr anschließend damit über meine rechte Wange. „Wir sind Kinder des Waldes", sagte sie dabei. „Auf dass wir hören, was er hört, und sehen,

was er sieht.“ Dann strich sie auch über meine andere Wange und wiederholte den Spruch. „Jetzt du“, bat sie mich und ihre Augen glänzten.

Ich tauchte den Finger in die Asche. Valerie schloss ihre Augen, als ich ihr Gesicht berührte. „Wir sind Kinder des Waldes“, sagte ich. In diesem Augenblick donnerte es, als würde damit das Ritual besiegelt. Zögernd machte ich weiter. „Auf dass wir hören, was er hört, und sehen, was er sieht.“ Die schwarze Bemalung gab unseren Gesichtern etwas Wildes.

„Das hat mein Vater auch gemacht, als wir letztes Mal hier waren“, erzählte Valerie.

Ich erfuhr von den geheimen Zeichen. Die waren der Natur so angepasst, dass nur ein guter Beobachter sie erkennen konnte. Valerie führte mich zu einer Astgabel, in der ein Stück Holz lag, das in die Richtung deutete, in die wir weitergehen mussten. In der Narbe eines Baumes, der einen Ast verloren hatte, lag ein Stein, das nächste Zeichen. Lange Gräser, die zu einem Knoten gebunden waren, zeigten uns, wohin es weiterging. Es begann zu regnen. Doch das Suchen der Waldläuferzeichen war so spannend, dass wir nicht darauf achteten. Voller Stolz entdeckte ich das nächste Zeichen, einen Tannenzapfen auf einem Laubbaum. Valerie schenkte mir ein anerkennendes Lächeln.

DAS TEUFELSLOCH

Wir kamen an den Rand einer Schlucht. Unter uns hörten wir das Rauschen eines Baches. „Daran kann ich mich erinnern“, versicherte Valerie begeistert. „Wir sind auf dem richtigen Weg. Du kannst am Hosenboden hinunterrutschen oder es so machen wie ich.“ Als würde sie mit kurzen Schwüngen einen verschneiten Steilhang hinunterfahren, sprang sie einmal links, einmal rechts. Ihr Rucksack pendelte dabei gefährlich hin und her. Sie war so wild verrückt und bewundernswert zugleich. Ski fahren war mir ein Gräuel. Ich wagte dennoch einen Sprung. Es ging weit in die Tiefe, bei der Landung verloren meine Füße im nassen Laub den Halt. Ich landete auf meinem Po und schlitterte bergab. Automatisch machte ich meinen Körper steif, Laub spritzte.

Donnern aus der Ferne kam näher. Valerie trieb uns zur Eile an. Wir folgten dem Bachlauf. An einer Stelle wurde die Schlucht so eng, dass wir den Bach queren mussten. Als Valerie von einem Stein auf den nächsten sprang, passierte das Unglück. Ein Stein kippte, Valerie verlor das Gleichgewicht und fiel ins Wasser. Ich war so erschrocken, dass ich nur dastand und zusah, wie sie hochzukommen versuchte. Erst als sie mir ihre Hand hinhielt, erwachte ich. Ein gebadeter Pudel war nichts gegen Valerie, der die Haare im Gesicht klebten und das Wasser aus den Hosenbeinen rann. „Ich wollte schon vorschlagen, dass wir unser Regenzeug anlegen", lachte sie. Ich an ihrer Stelle hätte wohl geheult. Als wir weitergingen, erschien mir Valerie still geworden zu sein. Wir verließen den Bach und stiegen einen schmalen Pfad immer höher bis zu einer moosbewachsenen Felswand. Ein Loch in der Wand gewährte uns Einlass, dahinter tat sich eine Höhle auf. „Das Teufelsloch", sagte Valerie, „hier sind wir vor dem Regen sicher." Als ich meinen Rucksack abnahm, konnte ich gar nicht glauben, dass ich ihn bis hierher geschleppt hatte. Valerie klapperte mit den Zähnen. Sie schlug vor, ein Feuer zu machen. Es regnete, alles war nass. Wie sollten wir da etwas zum Brennen bringen? Während Valerie ihre nassen Sachen auszog, schickte sie mich aus der Höhle, um Zunder zu holen. Mit Zunder meinte sie die abgestorbenen Äste junger Fichten, die so nahe beieinander standen, dass die unteren

Zweige trocken blieben. Von den oberen Ästen tropfte eisig kaltes Wasser, die Zweige kratzten, ich war ziemlich verzweifelt. Doch ich biss die Zähne zusammen und stopfte jede Menge Zunder unter meine Jacke. Mein Stiefvater hätte mich sehen sollen. Meine Hände waren arg zerkratzt. Bei strömendem Regen kämpfte ich mich einen schmalen, glitschigen Pfad hoch. Seltsamerweise fühlte ich mich glücklich dabei. Valerie hatte sich trockene Sachen angezogen und ihre nasse Kleidung zum Trocknen aufgehängt.

In einer Feuerstelle am Höhleneingang, die bereits benutzt worden war, lag trockenes Laub und Holz, das Valerie im Inneren der Höhle gefunden hatte. Mit Hilfe meines Zunders baute sie eine luftige Konstruktion. Der Zunder fing rasch Feuer, es knisterte und knackte. Funken tanzten in der Luft. „Wir bleiben die Nacht hier“, schlug Valerie vor.

Das konnte nicht ihr Ernst sein. „Dein Vater wird sich Sorgen machen“, gab ich zu bedenken.

Valerie sah mich verlegen an. „Der weiß gar nicht, dass wir kommen“, gestand sie.

Dieses Mädchen war verrückt!

Valerie lächelte. „Aber er freut sich sicher“, beteuerte sie. Als der Regen etwas nachließ, wurde ich noch einmal hinausgeschickt, um Haselnussstecken zu holen, aus denen wir Spieße machten. Zum ersten Mal kam das Taschenmesser zum Einsatz. Ich musste die Haselnussstecken von der Rinde und den Blättern befreien. Valerie nahm einen der Spieße entgegen und ich setzte mich zu ihr. Sie breitete ihren Schlafsack über uns, so

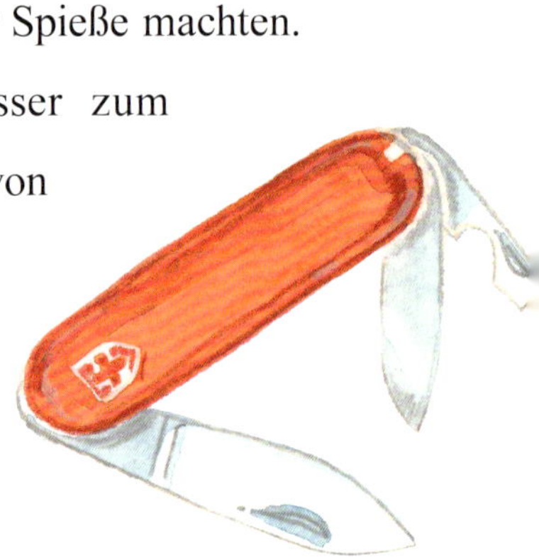

dass uns von oben und unten warm war. Auf die Spieße wickelten wir einen Brotteig, den Valerie von zu Hause mitgenommen hatte. Wir brieten Äpfel, die zusammen mit dem Brot zum herrlichsten Abendessen meines Lebens wurden. Wie um uns zu belohnen, brach der wolkenverhangene Himmel auf. Der Wald fing das goldene Licht der untergehenden Sonne ein. Die Vögel sangen ihre Abendlieder. Nie hätte ich gedacht, dass ich mich in einem Wald zu Hause fühlen würde. Die Sonne war noch nicht ganz untergegangen, als ich, ohne die Zähne zu putzen und ohne meinen Pyjama anzuziehen, im Sitzen einschlief.

DAS BASISLAGER

Als ich am nächsten Morgen aufwachte, kam Valerie bereits vom Bach zurück, wo sie sich gewaschen und die Morgentoilette erledigt hatte. Sie war wie immer gut aufgelegt und wollte so schnell wie möglich aufbrechen. „Frühstück gibt es im Basislager“, versicherte sie mir. Valeries Kleidungsstücke und Schuhe waren trocken genug, um sie wieder anzuziehen. Als ich meinen Rucksack hochnahm, kam er mir gar nicht so schwer vor. Wie war das möglich? Die Luft war kühl und ein Hauch von Nebel stand über dem Boden. Valerie nahm mich bei der Hand. Der etwas pummelige Junge und das verrückte Mädchen, was waren wir für ein Paar! Der Weg führte über einen felsigen Steig bis zu einem Hochplateau. Von dort sahen wir hinunter in das Tal der Dachse, in einen wunderschönen Wald. Knorrige, alte, moosbewachsene Laubbäume wechselten mit hohen Tannen und Fichten. „Hier zu leben muss schön sein“, dachte ich. Wir folgten einem Bachlauf, der sich durch den Wald schlängelte. Es war angenehm kühl.

„Wir sind da“, verkündete Valerie plötzlich.

Das war mir zu schnell. Ich konnte kein Basislager sehen.

„Alles Tarnung und Täuschung“, lachte Valerie.

Und plötzlich fiel es mir wie Schuppen von den Augen. Was ich für Gestrüpp gehalten hatte, waren Wände aus Gräsern und Moos.

„Ich habe beim Bau des Lagers mitgeholfen. Wir haben keinen einzigen Nagel verwendet“, erzählte Valerie stolz. Selbst das Dach war aus Naturmaterialien und schien den Regen bestens abgehalten zu haben, denn auf einem Tisch darunter lagen Bücher. Unter dem Tisch stand ein Koffer mit Messgeräten. Valeries Vater schien keine Angst vor Dieben zu haben. Es gab einen Herd, der aus einem Holzpflock und einem Gaskocher bestand. Voller Stolz zeigte mir Valerie den Backofen, eine große Dose, in Lehm verpackt. „Er funktioniert“, beteuerte Valerie. Es gab auch eine Feuerstelle, über der ein Kessel hing. Um das Feuer herum dienten Holzpflöcke als Sitzgelegenheit. Wir packten unsere Schlafsäcke aus. „Es ist Zeit für ein Frühstück, hast du Lust auf Heidelbeerpalatschinken?“, fragte

Valerie. Und als hätte mein Magen Ohren, knurrte er. Mit Bechern in der Hand marschierten wir los, um Heidelbeeren zu sammeln. Wir mussten nicht lange suchen. Und die Beeren schmeckten köstlich.

„Deine Lippen sind ganz blau“, sagte ich zu ihr.

„Was glaubst du, wie deine aussehen!“, lachte sie.

Im Lager übernahm ich das Feuermachen: Zunder holen, trockene Äste sammeln, alles locker auftürmen. Feuer braucht Sauerstoff. Valerie zeigte mir, wie man ins Feuer pusten muss, um die Glut wieder anzufachen. Sie war Meisterin im Feuermachen und eine super Köchin. Den Teig hatte sie im Nu fertig. Wie geschickt Valerie mit der Pfanne umging! Sie goss den Teig hinein, ich gab die Heidelbeeren dazu. Ein herrlicher Duft breitete sich im Wald aus.

„Da komme ich ja gerade recht“, hörten wir eine Stimme. Ein schlanker, hochgewachsener Mann mit lockigem Haar und lustigem Bärtchen tauchte zwischen den Bäumen auf. Er nahm seinen Rucksack ab. Valerie drückte mir die Pfanne in die Hand und rannte auf ihren Vater zu. Der nahm sie in seine Arme und hob sie hoch. Das war so schön anzusehen, dass ich die Palatschinke vergaß. Sie verbrannte und wurde später den Tieren geopfert. Valeries Vater schüttelte mir mit strahlendem Gesicht die Hand. Er schien sich wirklich über unser Auftauchen zu freuen. Wir erzählten von Valeries Missgeschick am Bach und der Nacht im Teufelsloch.

DIE DACHSE

Valeries Vater hatte die Nacht im Wald zugebracht. Wie wir war er hungrig und freute sich über die Palatschinken. Beim Essen erzählte er, dass die Dachse Zuwachs bekommen hatten. „Wenn ihr wollt, könnt ihr mich nächste Nacht begleiten“, schlug er vor. Ich hatte keine Ahnung, wie spannend es werden würde. Wir ruhten uns tagsüber aus, um für die Nacht fit zu sein. Valerie holte ein Heft aus ihrem Rucksack. Es hatte einen selbstgebastelten Umschlag auf dem stand: „Draußen wartet das Abenteuer.“ Sie ließ mich darin blättern. Es war voll mit Zeichnungen von Tieren und Pflanzen, die sie entdeckt hatte, und die ihr besonders gefielen. „Ich habe mir alles Wissenswerte dazugeschrieben“, bemerkte sie. In ihrem Heft gab es auch Kochrezepte und „Survival-Tipps“. Auf einer Doppelseite entdeckte ich Waldläuferzeichen. Aber da stand noch viel mehr. Wie man zum Beispiel aus Rinde eine Schnur machen und mithilfe von Spinnweben blutende Wunden stillen kann. Ich war fasziniert. Als ich Valerie das Heft zurückgab, sah sie mich eigenartig an. Dann

lächelte sie und holte etwas aus ihrem Rucksack. „Ich habe für dich auch ein Heft“, sagte sie, „aber nur, wenn du es möchtest.“ Ich nahm das Heft. Und ob ich das wollte. Sie zauberte auch noch Buntstifte aus ihrem Rucksack, es war unglaublich. Zwei Käfer und eine Blume waren die ersten Schätze, die ich in meinem Heft festhielt. „Vielleicht werde ich einmal Forscher“, überlegte ich. Rasch wurde es Abend – Zeit, uns für das Vorhaben in der Nacht vorzubereiten.

Wir mussten uns warm anziehen, brauchten jedoch keinen Rucksack zu schleppen. Feuchtigkeit legte sich über die Gräser. Der Mond verlieh der Nacht Magie, tauchte den Wald in sein Licht. Valerie nahm mich bei der Hand. Ich war aufgeregt. Valeries Vater ging voran und wir folgten ihm. Ich hatte von Valerie bereits einiges über Dachse erfahren, dass sie in China als Delikatesse gezüchtet wurden und ihren Kot in kleinen Erdlöchern vergruben. Der Dachsbau, den Valeries Vater beobachtete, hatte viele Ein- und Ausgänge. Bei einem der Ausgänge hatte Valeries Vater ein Versteck aufgebaut. Eine Kamera mit Bewegungsmelder machte selbständig Aufnahmen. Wir bekamen Nachtsichtbrillen.

„Du siehst cool aus“, flüsterte ich Valerie zu.

„Wie in einem Computerspiel, nicht wahr“, antwortete sie leise. Durch die Nachtsichtbrille sah der Wald plötzlich hell und fremd aus. Lange rührte sich nichts. „Vielleicht werden die Dachse gar nicht zu

sehen sein“, überlegte ich. Plötzlich bewegte sich etwas. Die Schnauze eines Dachses kam zum Vorschein. War das aufregend! Ich wagte kaum zu atmen. Dann kam der Dachs heraus. Sein Körper war lang und pummelig zugleich. Er war viel größer, als ich erwartet hatte. Der Dachs schnüffelte und stieß mit der Schnauze in die Erde. Er kam so nahe an unser Versteck heran, dass ich fürchtete, er würde uns entdecken. Da war plötzlich noch eine Bewegung am Ausgang des Baus! Ein Dachsjunges steckte seinen Kopf heraus. Valerie drückte meine Hand. Dem Dachsjungen folgte ein zweites und ein drittes. Sie stöberten mit ihren Nasen im Laub, zwickten einander mit den Zähnen und balgten sich. Die Augen der Jungen glänzten. Ich hätte Valerie gerne an mich gedrückt, um mich für dieses Abenteuer zu bedanken. Ich bemerkte gar nicht, wie die Zeit verging. Irgendwann deutete Valeries Vater, dass es an der Zeit wäre, wieder ins Lager zurückzukehren. Er erzählte im Gehen die Dachsgeschichte vom alten Grimbart, so wird der Dachs in Märchen und Sagen genannt. Im Lager kroch ich gleich in meinen Schlafsack, konnte aber nicht sofort einschlafen. Wildtiere zu beobachten war etwas anderes, als Tiere im Zoo zu sehen. Leise holte ich mein Heft aus dem Rucksack. Im Licht meiner Taschenlampe zeichnete ich einen Dachs ins Heft.

Valerie war auch noch wach. Sie kam zu mir und nahm mir das Heft aus der Hand. „Unfassbar“, sagte sie, „du zeichnest wie ein Künstler.“

„Aber geh“, gab ich schnell zurück und spürte, wie meine Wangen heiß wurden. Valerie schien es damit ernst gemeint zu haben, denn sie blickte mich an, als hätte sie mich noch nie gesehen. Dann kroch sie wieder in ihren Schlafsack und nach einiger Zeit schliefen wir doch ein.

WOODOO

Nach ein paar Stunden Schlaf speisten wir wie die Götter über Glut gebackenes Brot, Aufstrich von Waldkräutern à la Valerie, Eier mit Speck und Waldbeerenmüsli. Danach blieb noch ein bisschen Zeit. Gerne wäre ich bei Tageslicht zum Dachsbau gelaufen, um ihn mir anzusehen. Auch das Teufelsloch wartete darauf, erforscht zu werden. Doch für Valerie und mich wurde es Zeit, zurückzufahren.

Bevor wir aufbrachen, machte mir Valerie ein Geschenk, ein Lederband, an dem eine Holzperle hing. Die Perle hatte sie noch am Vortag selbst geschnitzt. Sie legte die Kette um meinen Hals und drückte mich an sich. „Danke", sagte sie, „dass du mitgekommen bist."

Eigentlich hätte ich ihr danken müssen.

Schweren Herzens verabschiedeten wir uns von ihrem Vater – und dem Wald. Der hatte mich in seinen Bann geschlagen. Ich atmete wie er, sah und hörte wie er und fühlte mich, als würde ich hierhergehören. Was war mit mir passiert? Hatten mich dieses Mädchen und der Wald verzaubert? Als wir aus dem Wald traten, hatte ich das Gefühl,

meine Welt zu verlassen. Die Sonne schien, die Gräser wiegten sich im Wind. Es summte und brummte um uns herum. Ich musste an die Dachse denken, die wohl in ihrem Bau schliefen und nachts, wenn der Mond schien, wieder herauskamen.

Im Zug erzählte mir Valerie, dass ihr Vater vielleicht im nächsten Schuljahr seine Arbeiten im Tal der Dachse abschließen und sie vorübergehend mit ihm woanders hinziehen würde.

„Das wird ziemlich heftig“, bemerkte sie, „denn Marianne wird sich um meinen Zoo und die Pflanzen kümmern müssen.“

Ich begriff zuerst nicht.

„Wir sind Freunde, nicht wahr?“, sagte sie und ich nickte. „Dann werden wir es auch bleiben!“, versicherte sie mir. Ich wollte gar nicht daran denken, dass Valerie vielleicht wirklich fortziehen würde.

Die Zugfahrt verging viel zu schnell. Mein Stiefvater und meine Mutter erwarteten uns am Bahnhof. Natürlich mussten wir ausführlich erzählen.

In der Schule war alles beim Alten, nur ich hatte mich verändert. „Unser Mädchen trägt eine Kette“, begrüßte mich Alfred und lachte. Zum ersten Mal hielt ich seinem Blick stand. Das war ja auch kein Wunder, ich hatte zwei Nächte in der Wildnis überstanden.

„Nenn mich Woodoo!“, sagte ich zu ihm und ließ ihn stehen.

Valerie würde im nächsten Schuljahr vielleicht nicht mehr hier sein.

Ich wollte dafür sorgen, dass sie nicht in Vergessenheit geriet. Aber noch war es nicht so weit. Wann immer wir konnten, trafen wir einander. Ich hatte noch viel in Erfahrung zu bringen. Wir verabredeten uns in ihrem Garten, um ein Basislager zu bauen. Mein Stiefvater nahm mich plötzlich für voll. Er versprach mir, mich zum Angeln mitzunehmen. Ich wollte Fische lieber beobachten. Valerie half mir, meine Eltern zu einem Aquarium für Süßwassergarnelen zu überreden. Valerie schenkte mir ein Buch darüber. „Du musst alles über die Bedürfnisse der Tiere wissen, die du halten willst“, erklärte sie mir. Das war eines von ihren obersten Naturforschergeboten. Den Tag, an dem ich meine Tiere nach Hause brachte, werde ich nie vergessen. Ich liebte meine Garnelen vom ersten Augenblick an und sie schienen sich bei mir wohlzufühlen. Ich war total aus dem Häuschen, als ich Wochen später die ersten Babygarnelen entdeckte. Ich hatte sie zuvor schon im winzigen Bauch ihrer Mutter heranwachsen sehen. Mein Heft wurde bald zu dünn, so viel gab es aufzuschreiben und zu zeichnen. Die Garnelen trösteten mich, als Valerie bereits vor dem Ende des Schuljahres wegzog. Doch bald erhielt ich einen Anruf.

„Winnie Pu, hier Woodoo", lachte sie in die Leitung. „Es geht mir gut, wir wohnen am Rande eines Sumpfgebietes", sprudelte sie darauf los. „Ich nenne es das ‚Land der Frösche'. Kannst du schwimmen?"

„Ja …", antwortete ich etwas gedehnt. Stand mir ein neues Abenteuer bevor?

Verdienst auch du den Spitznamen Woodoo, weil du draußen das Abenteuer suchst? Magst du auch Pflanzen und Tiere? – Dann könntest du dir ein Heft besorgen, um deine Beobachtungen festzuhalten. Du wirst sehen, es wird ein Schatzheft.

Auf den nächsten Seiten findest du einige meiner Aufzeichnungen. Du kannst gerne etwas für dein Heft verwenden.

SURVIVAL-TIPPS

WALDLÄUFERZEICHEN

Es gibt unendlich viele Waldläuferzeichen. Die einzige Regel lautet, es darf nur etwas aus der Natur verwendet werden.

Ganz einfache Zeichen sind aus Holz oder Steinen gelegte Pfeile.

Nicht so leicht zu entdecken sind eine Astgabel mit einem Stück Holz, aufgetürmte Steine oder Zapfen, geformte Gräser, Rindenstücke auf Bäumen mit ganz anderer Rinde, Ästchen, die in fremden Bäumen stecken, Laubhäufchen in einem Nadelwald …

In diese Richtung

2 Meter in Pfeilrichtung, dann 1 Meter in die Höhe

In diese Richtung

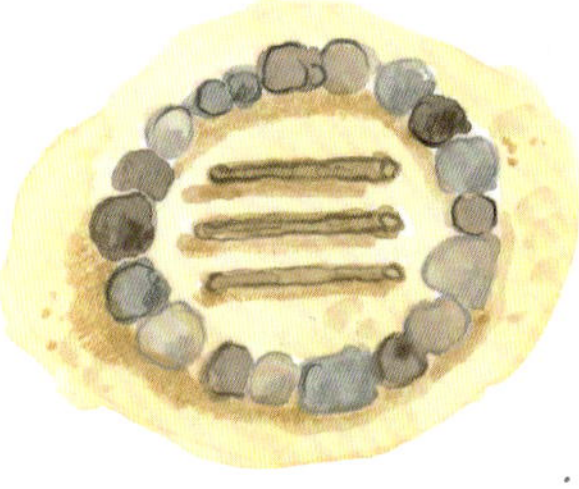

Quelle

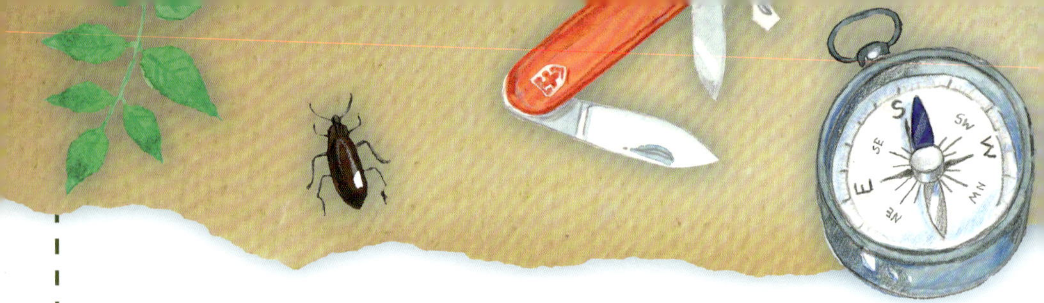

BIWAK BAUEN

Wenn du eine Nacht im Freien verbringen musst und du kein Zelt und keinen Schlafsack mithast, dann bau dir eine Schlafhöhle (Biwak).
Achtung: Fange früh genug damit an, damit dich die einbrechende Dunkelheit nicht überrascht. Worauf kommt es an? Ein Biwak sollte warm und wasserdicht sein.
Lege eine Stange in etwa einen Meter Höhe in eine Astgabel oder binde sie gut an einem Baumstamm fest. Indem du rechts und links Äste an die Stange lehnst, entsteht ein Dach.
Am wichtigsten ist, dass dieses Dach jetzt dicht wird. Das gelingt dir am besten mit dürrem Gras, Laub, Moos und Ästen, Zweigen. Diese Schicht sollte so dick sein wie dein Unterarm lang ist. Die trockensten Materialien benutzt du als Unterlage im Biwak, damit dir nicht kalt wird – es sollte so kuschelig wie in einem Vogelnest sein.

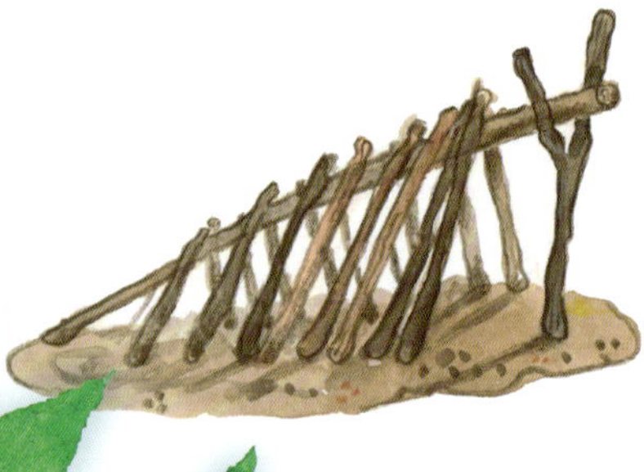

WISSENSWERTES ÜBER TIERE

DACHSE

Dachse sind nachtaktive Säugetiere.

Größe und Gewicht: ca. 80 Zentimeter, 15 bis 20 kg schwer. Die Männchen sind etwas größer als die Weibchen.

Ernährung: Dachse sind Allesfresser, die neben Würmern, Schnecken, Vögeln und Mäusen auch gerne Pflanzen und Wurzeln fressen.

Der Dachs gräbt sich einen Bau, der über Jahre benutzt wird. Seinen *Wohnraum*, der mehrere Meter unter der Erde liegt, polstert er mit Laub aus. Einen Dachsbau erkennt man an den Kotgruben, Löcher, in denen der Dachs seinen Kot vergräbt.

WISSENSWERTES ÜBER TIERE

Mit einem Jahr werden Dachse geschlechtsreif. Ein Dachswurf besteht aus zwei bis fünf Jungen, die ganz weiß und blind sind.
In China gilt Dachsfleisch als Spezialität, bei uns werden aus Dachshaaren Pinsel und Bürsten gemacht. Jäger tragen den *Dachsbart* auf ihrem Hut.

CHAMÄLEON, AUCH WURMZÜNGLER GENANNT

Der älteste Fund eines versteinerten Chamäleons wird auf 26 Millionen Jahre geschätzt. Damals sah die Erde anders aus und Chamäleons waren weit verbreitet. Heute sind sie über Afrika, Madagaskar, die Arabische Halbinsel, Indien, Sir Lanka und einen Teil des Mittelmeerraumes verbreitet.
Die Chamäleonarten sehen sehr unterschiedlich aus. Die kleinste Art misst gerade einmal drei Zentimeter, die größte Art erreicht bis zu achtzig Zentimeter. Einige haben Hörner, Schnauzenfortsätze oder einen helmartigen Kopfwulst.
Besonderheiten: Die *Chamäleonaugen* sind besser entwickelt als das menschliche Auge. Chamäleons können bis zu einer Entfernung von

tausend Metern scharf sehen und ihre Augen unabhängig voneinander bewegen. Das ermöglicht es ihnen, ein Beutetier leichter ausfindig zu machen.

Eine weitere Besonderheit ist die *Schleuderzunge*. Sie ist mit einem Sekret benetzt, das nicht klebt, aber hilft, dass die Beute haften bleibt. Das Ende der Zunge ist verdickt und umschließt das Beutetier.

Es ist bekannt, dass Chamäleons ihre Farbe wechseln können.

Das tun sie vor der Paarung, um auf sich aufmerksam zu machen, oder um sich ihrer Umgebung so anzupassen, dass sie kaum zu sehen sind. Am schnellsten wechselt die Farbe, wenn sie einer Gefahr ausgesetzt sind oder kämpfen. Das Chamäleon ist ein Einzelgänger.

Für Anfänger in der Reptilienhaltung ist das Chamäleon nicht geeignet.

GEMEINE STABHEUSCHRECKE

Sie gehört zu den Gespensterschrecken und ist die einzige Art, die im Mittelmeerraum lebt.

Stabheuschrecken sind so perfekt getarnt, dass sie sogar auf Flügel verzichten, um vor Feinden fliehen zu können. Sie können auch nicht wie heimische Heuschrecken springen. Die meiste Zeit sitzen sie tagsüber auf Blättern und sind nur schwer zu entdecken.

Sie pflanzen sich durch Jungfernzeugung fort, das heißt, dass unbefruchtete Eier gelegt werden, aus denen die Jungtiere schlüpfen.

Um zu wachsen, müssen sie sich häuten. So eine Häutung zu beobachten, ist sehr spannend.

Stabheuschrecken sind einfach zu halten. Erkundige dich aber vorher genau über die artgerechte Haltung, damit du lange Freude mit deinen Tieren hast.

BOCKKÄFER

Bockkäfer haben einen langen, meist schlanken Körper. Die nach hinten gerichtete Fühler sind oft länger als ihr Körper und sehen den Hörnern eines Steinbocks ähnlich.

Zu den Bockkäfern gehört auch der Riesenbockkäfer, der mit einer Körperlänge von bis zu 17 Zentimetern der größte bekannte Käfer ist.

WISSENSWERTES ÜBER TIERE

HABICHT

Weil die Habichte ihre Nester, auch Horste genannt, meistens auf Bäumen bauen, besiedeln sie vor allem Wälder.

Die Körperlänge der Weibchen liegt bei etwa 60 cm, die der Männchen bei etwa 50 cm.

Habichte ernähren sich von kleinen bis mittelgroßen Säugetieren und Vögeln. Dabei nützen sie Hecken, Bäume und auch Häuser für ihren bodennahen Anflug.

Die Beute wird mit den gebogenen, kräftigen Krallen gegriffen und getötet. Dabei werden die Krallen solange in die Beute gebohrt, bis diese aufhört, sich zu bewegen.

FELDHASE

Der Feldhase duckt sich bei Gefahr an den Boden. Er wartet und ergreift erst im allerletzten Moment die Flucht. Dann kann er bis zu 70 km pro Stunde sprinten. Dabei ändert er durch Hakenschlagen immer wieder die Richtung. Er kann auch gut schwimmen und bis zu zwei Meter hoch springen. Er frisst vor allem Pflanzen, Wurzeln und im Winter auch die Rinde junger Bäume.

Das Weibchen bekommt drei- bis viermal im Jahr zwischen 1–5 Junge, die behaart geboren werden. Der Hase wird bis zu 70 cm lang, sein „Markenzeichen“ sind die langen Ohren (Löffel), die eine Länge von 12 cm erreichen können.

Durch den Einsatz von Düngemitteln und Maschinen in der Landwirtschaft wurde der Bestand stark verringert.

WISSENSWERTES ÜBER TIERE

SÜSSWASSERGARNELE

Garnelen gehören zu den Krebstieren. Weltweit gibt es an die 140 Arten.

Da ihr Panzer nicht mitwächst, müssen sie sich regelmäßig häuten. Dabei platzt der Panzer zwischen Kopf und Hinterteil auf. Mit heftigen Bewegungen befreit sich die Garnele aus ihrer „alten Haut".

Tipp: Diese kleinen Wunder der Natur können unter einfachen Bedingungen artgerecht gehalten werden.

Garnelen sind Allesfresser und freuen sich über alle Arten von Fischfutter. Da die meisten im Handel erhältlichen Garnelen lebendgebärend sind, ist mit Nachwuchs zu rechnen.

Nichts ist so spannend, wie die ersten kleinen Garnelenbabys zu entdecken. Eine Art von Süßwassergarnelen ist *Atyaephyra desmaresti*, die transparent, blau oder braun gefärbt ist. Das Weibchen wird ca. 4 cm groß, das Männchen 23 mm.

VALERIES REZEPTE

STECKERLBROT

Schmeckt köstlich und ist leicht herzustellen.

Zutaten:

1 kg Packung Weizenmehl

1 Packung Trockengerm

50 g Butter

50 ml Milch

3 Esslöffel Salz, wenn vorhanden Brotgewürz je nach Geschmack

Zubereitung des Teiges à la Valerie: Valerie mischt alles in einem Topf zusammen. Am Anfang klebt der Teig an den Fingern. Den Teig gut durchkneten, anschließend eine halbe Stunde zugedeckt ruhen lassen.

Brot backen: Teig in kleine Bällchen aufteilen. Aus den Bällchen Schlangen machen, die um einen Haselnussspieß geschlungen werden. Achtung: Wenn du Haselnussstecken als Spieße nimmst, müssen diese noch grün sein, sonst brennen sie. Den Spieß mit dem Teig nicht ins Feuer halten. Gebacken wird nur über der Glut.

HOLLERBLÜTENSAFT

Das beste Erfrischungsgetränk! Das Rezept stammt von Marianne, der Haushälterin. Achtung, dafür brauchst du die Hilfe eines Erwachsenen, denn das Rezept ist gleich für 8 Liter Saft.

Du kannst die Menge auch halbieren.

Hundert Hollerblüten sammeln.

5 Orangen

5 Zitronen

3,5 kg Zucker

15 dag Zitronensäure

Zubereitung: Hollerblüten säubern und in einen sauberen Kübel mit acht Liter Wasser geben. Orangen und Zitronen vierteln, etwas ausdrücken und zu den Blüten geben. Den Kübel mit einem Tuch abdecken und einem Teller beschweren. Danach zwei Tage im Dunkeln stehen lassen, abseihen. Den Zucker in etwas abgeseihtem Hollersaft auflösen und die Zitronensäure dazugeben, oft umrühren und den
Sirup in gut ausgespülte Falschen abfüllen.

VALERIES KRÄUTERAUFSTRICH

Der Aufstrich schmeckt am besten mit Frühlingskräutern. Zwei Hand voll Kräuter sammeln.

Sauerampfer, Spitzwegerich, Brunnenkresse, Schafgarbe und Knoblauchrauke sind da besonders gut geeignet.

Kräuter waschen und klein schneiden.

Eine halbe Zwiebel hacken.

In eine Schüssel einen Becher Topfen, einen halben Becher Sauerrahm, einen Esslöffel Mayonnaise, die Zwiebel und die Kräuter geben, salzen: Fertig ist die Köstlichkeit.

Spitzwegerich

Brunnenkresse

Schafgarbe

Sauerampfer

Im Land der Frösche
ISBN 978-3-7074-1286-4